Wilson-Israel Kouadio

Comment adorer Le Seigneur ?

Wilson-Israel Kouadio

Comment adorer Le Seigneur ?

Recueil de psaumes d'adoration

Éditions Croix du Salut

Imprint
Any brand names and product names mentioned in this book are subject to trademark, brand or patent protection and are trademarks or registered trademarks of their respective holders. The use of brand names, product names, common names, trade names, product descriptions etc. even without a particular marking in this work is in no way to be construed to mean that such names may be regarded as unrestricted in respect of trademark and brand protection legislation and could thus be used by anyone.

Cover image: www.ingimage.com

Publisher:
Éditions Croix du Salut
is a trademark of
International Book Market Service Ltd., member of OmniScriptum Publishing Group
17 Meldrum Street, Beau Bassin 71504, Mauritius
Printed at: see last page
ISBN: 978-613-7-37302-6

COMMENT ADORER LE SEIGNEUR ?

(RECUEIL DE PSAUMES D'ADORATION)

PAR LE SERVITEUR : **WILSON-ISRAEL KOUADIO**
SOUS LA PRESIDENCE ET INSPIRATION : **SAINT- ESPRIT**

TABLE DES MATIERES

PSAUMES D'ADORATION

PREFACE

Au moment où l'Esprit de Dieu me demandait de faire ce travail, je ne savais réellement pas ce que je devais en faire. C'était en 2018, au plus fort des épreuves, que j'ai reçu cette instruction. Au début, je pensais que c'était à moi de faire les types d'adoration au Seigneur ; ce n'est qu'après quelques jours de réflexions sur les multitudes de « comment pourrai-je faire ce travail ? » que le Seigneur va m'orienter sur la méthode qui sera de parcourir tous les 150 Psaumes des Saintes Ecritures et d'y retrancher tous les versets d'adoration et les regrouper selon l'orientation et le plan qu'il me donnera. Après cela, je ne savais pas quoi en faire ? J'ai pensé au début que je devais les mémoriser et les rendre au culte, les Dimanches, pendant le temps d'adoration à lui consacrer. J'ai essayé le dimanche qui a suivi, mais très péniblement. Quelque temps après, il me dit que ceci est un manuscrit, parce qu'il me permettra de faire des recueils et des publications spirituelles plus tard. En 2017 déjà, il me faisait écrire les prophéties qu'on recevait au cours de nos prières, ma femme et moi et tous les songes qu'il faisait faire à toute ma famille. C'est finalement, en 2020 quand j'ai reçu le 1er mars de la même année, l'autorisation et la date de mon mariage consacré à son honneur et le célébrant comme étant notre Dieu souverain et cela pour toute ma postérité jusqu'à la millième génération, que je vais recevoir les instructions de faire ce recueils de Psaumes d'Adoration au Dieu suprême et Jésus Christ notre puissant Seigneur, et d'en faire un cadeau à tous nos invités choisis par le Seigneur lui-même, sur la base de ses instructions reçues. Ainsi, après cet ouvrage, il en aura un autre sur les songes et leurs explications.
Je vous exhorte à parcourir ce document et de vous en servir pour vos moments de prières et d'adoration au seigneur et Dieu fera ce qui lui plaira pour vous, parce qu'il est souverain.

QUE DIEU VOUS BENISSE DAVANTAGE

Serviteur Wilson Israel Kouadio

Bouaké (RCI) Mai 2020

PSAUMES D'ADORATION

INTRODUCTION

Plusieurs enfants de Dieu et les serviteurs et servantes de l'Eternel conviennent que la prière occupe une place importante dans les relations avec notre Dieu, mais très peu de personnes s'intéressent a ce qui lui plait véritablement ; ce qui fait que de plus en plus les brebis comme les bergers de par leurs manières attristent le seigneur et s'éloignent de plus en plus de notre Dieu sans le savoir.
Ce Recueil de Psaumes d'Adoration au puissant Dieu, vient attirer l'attention du corps de Christ sur ce désintéressement au plaisir de Dieu au profit du plaisir que donne l'aisance sociale, physique, morale, spirituelle, matérielle, financière, etc. et vient rétablir l'adoration à Dieu dans la vie quotidienne du chrétien et aussi au centre du culte d'actions de grâces célèbré le jour du sabbat.
En 2019, j'ai reçu une révélation du Seigneur disant que nous ne l'adorons pas du tout ou pas assez comme il aurait voulu. Il a ensuite dit qu'il nous a créée pour l'adorer et le louer et que c'est dans cela qu'il tire son plaisir, mais malheureusement, il ne reçoit aucune adoration les autres jours de la semaine, même le dimanche, ce n'est pas comme cela qu'il voudra que les choses se passent et encore moins les adorations ne lui sont pas agréables ; alors qu'il intervient dans la vie de chacun de nous, tous les jours de la semaine et à chaque seconde de notre vie.
Il m'a ensuite signifier que le Dimanche, jour de sabbat pour nous, devrait être un jour d'adoration uniquement ou du moins la plus grande partie de notre temps, que ce soit dans les temples ou à la maison, alors que ce n'est pas le cas. Dans les temples, au cours du culte le temps de l'adoration est de 10mns voire 15mns. Dans les maisons des chrétiens, c'est presqu'inexistant…
« Les Dimanches, vous passez votre temps à ce qui vous intéresse dans ma maison ou chez vous plus que ce dont dans lequel je tire un grand plaisir, c'est à dire, la louange, l'adoration et aussi les témoignages » me révélait-il.
Les autres jours de la semaine devront permettre aux églises de faire leurs enseignements de la parole de Dieu et faire l'œuvre de Dieu, laisser et consacrer le jour du sabbat à l'Eternel des armées, ou du moins la plus grande partie du temps ; c'est cela la volonté du Dieu très haut. C'est d'ailleurs pour cela que le Seigneur nous a rassuré que bientôt il aura une autre race de vrais adorateurs, qui l'adoreront en vérité et en Esprit (Jean4-23). Pour l'heure c'est avec tristesse qu'il constate que ce qui lui fait plaisir est relégué au second plan dans son Église et n'existe pas du tout dans la vie de ses enfants ; même, le peu de temps imparti qui lui est consacré, il ne s'en réjouit pas comme il le veut. Des fois, le temps d'adoration est interrompu pour faire autres choses qui n'intéressent pas Dieu au premier chef. Il arrive aussi que le

chrétien à la place de l'adoration, il fait des prières et c'est pareil pour le groupe musical qui entonne des chants de supplications. C'est une grave erreur et cela se passe au vu et au su de ses ministres sans qu'ils interviennent pour une amélioration.

Chers sœurs et frères en JESUS CHRIST, la prière est différente de l'adoration. La prière, c'est votre esprit qui s'exprime sur vos besoins à Dieu, alors que l'adoration, c'est l'Esprit de Dieu qui est en vous qui s'exprime et vous conduit sur ce que Dieu fait comme bienfaits dans votre vie et montrer combien de fois il est puissant, tout en le laissant vous conduire. Il faut le magnifier, le glorifier, le célébrer. Vous pouvez être accompagnés par le groupe musical par des chants d'adoration et non de prières.

Bien aimés, le Seigneur en m'inspirant pour la rédaction de cet ouvrage, vous donne ce recueil de Psaumes d'Adoration pour vous orienter et vous indiquer ce qu'il voudrait entendre dans les paroles et chants d'adoration au cours des moments qui lui seront dédié véritablement.

Pendant ces moments d'adoration, le Seigneur tirera un grand plaisir et agira dans votre vie au-delà même de vos espérances.

Le Seigneur veut faire de vous de véritables adorateurs en vous inspirant physiquement à partir de ce recueil de psaumes et en vous laissant guider par l'Esprit Saint. Sachez aussi qu'il n'existe pas une façon type pour adorer Dieu ; C'est l'Esprit de Dieu qui vous guidera et vous conduira à l'adoration ; cet ouvrage vous servira uniquement à savoir faire la différence entre l'adoration et la prière ou la supplication. C'est cela la volonté de Dieu pour vous en ce qui concerne ce recueil de psaumes d'adoration.

A vos moments de prières quotidiennes, vous pouvez seulement et simplement l'adorer et il agira en votre faveur. N'oubliez pas que Dieu connait vos besoins sans que vous ouvrez la bouche ; adorer le seulement et régulièrement, sinon tous les jours et vous verrez de vos yeux ses promesses s'accomplir dans votre vie.

QUE LE SEIGNEUR NOUS GUIDE ET NOUS ORIENTE

PROCHAINNEMENT : Recueil de Songes et Interprétations par le Saint Esprit

PSAUMES D'ADORATION

ADORATION 1

PS8

2 Éternel, notre Seigneur!
Que ton nom est magnifique sur toute la terre!
Ta majesté s'élève au-dessus des cieux.

3 Par la bouche des enfants et de ceux qui sont à la mamelle, Tu as fondé ta gloire, pour confondre tes adversaires, Pour imposer silence à l'ennemi et au vindicatif.
4 Quand je contemple les cieux, ouvrage de tes mains, La lune et les étoiles que tu as créées:

5 Qu'est-ce que l'homme, pour que tu te souviennes de lui? Et le fils de l'homme, pour que tu prennes garde à lui?

6 Tu l'as fait de peu inférieur à Dieu, Et tu l'as couronné de gloire et de magnificence.

7 Tu lui as donné la domination sur les œuvres de tes mains, Tu as tout mis sous ses pieds,

8 Les brebis comme les bœufs, Et les animaux des champs,

9 Les oiseaux du ciel et les poissons de la mer, Tout ce qui parcourt les sentiers des mers.

10 Éternel, notre Seigneur!
Que ton nom est magnifique sur toute la terre!

PS19

2 Les cieux racontent la gloire de Dieu, Et l'étendue manifeste l'œuvre de ses mains.

3 Le jour en instruit un autre jour, La nuit en donne connaissance à une autre nuit.

4 Ce n'est pas un langage, ce ne sont pas des paroles Dont le son ne soit point entendu:

5 Leur retentissement parcourt toute la terre, Leurs accents vont aux extrémités du monde, Où il a dressé une tente pour le soleil.

PSAUMES D'ADORATION

6 Et le soleil, semblable à un époux qui sort de sa chambre, S'élance dans la carrière
avec la joie d'un héros;

7 Il se lève à une extrémité des cieux, Et achève sa course à l'autre extrémité:
Rien ne se dérobe à sa chaleur.

8 La loi de l'Éternel est parfaite, elle restaure l'âme; Le témoignage de l'Éternel est
véritable, il rend sage l'ignorant.

9 Les ordonnances de l'Éternel sont droites, elles réjouissent le cœur; Les
commandements de l'Éternel sont purs, ils éclairent les yeux.

10 La crainte de l'Éternel est pure, elle subsiste à toujours; Les jugements de
l'Éternel sont vrais, ils sont tous justes.

11 Ils sont plus précieux que l'or, que beaucoup d'or fin; Ils sont plus doux que le
miel, que celui qui coule des rayons.

12 Ton serviteur aussi en reçoit instruction; Pour qui les observe et la récompense
est grande.

PSAUMES D'ADORATION

ADORATION 2

PS29

1 Fils de Dieu, rendons à l'Éternel, Rendons à l'Éternel gloire et honneur!

2 Rendons à l'Éternel gloire pour son nom!
Prosternons-nous devant l'Éternel avec des ornements sacrés!

3 La voix de l'Éternel retentit sur les eaux, Le Dieu de gloire fait gronder le tonnerre;
L'Éternel est sur les grandes eaux.

4 La voix de l'Éternel est puissante, La voix de l'Éternel est majestueuse.

5 La voix de l'Éternel brise les cèdres; L'Éternel brise les cèdres du Liban,

7 La voix de l'Éternel fait jaillir des flammes de feu.

8 La voix de l'Éternel fait trembler le désert; L'Éternel fait trembler le désert de
Kadès.

9 La voix de l'Éternel fait enfanter les biches, Elle dépouille les forêts.
Dans son palais tout s'écrie: Gloire!

10 L'Éternel était sur son trône lors du déluge; L'Éternel sur son trône règne
éternellement.

PS33

Louons l'Eternel fils et fille de……………………
6 Les cieux ont été faits par la parole de l'Éternel, Et toute leur armée par le souffle
de sa bouche.

7 Il amoncelle en un tas les eaux de la mer, Il met dans des réservoirs les abîmes.

8 Que toute la terre craigne l'Éternel!
Que tous les habitants du monde tremblent devant lui!

9 Car il dit, et la chose arrive; Il ordonne, et elle existe.

10 L'Éternel renverse les desseins des nations, Il anéantit les projets des peuples;

PSAUMES D'ADORATION

11 Les desseins de l'Éternel subsistent à toujours, Et les projets de son cœur, de génération en génération.

12 Heureuse la nation dont l'Éternel est le Dieu!
Heureux le peuple qu'il choisit pour son héritage!

13 L'Éternel regarde du haut des cieux, Il voit tous les fils de l'homme;

14 Du lieu de sa demeure il observe Tous les habitants de la terre,

15 Lui qui forme leur cœur à tous, Qui est attentif à toutes leurs actions.

16 Ce n'est pas une grande armée qui sauve le roi, Ce n'est pas une grande force qui délivre le héros;

17 Le cheval est impuissant pour assurer le salut, Et toute sa vigueur ne donne pas la délivrance.

11 L'Éternel donne la force à son peuple; L'Éternel bénit son peuple et le rend heureux.

PSAUMES D'ADORATION

ADORATION 3

PS44

2 O Dieu! Nous avons entendu de nos oreilles, Nos pères nous ont raconté Les œuvres que tu as accomplies de leur temps, Aux jours d'autrefois.

3 De ta main tu as chassé des nations pour les établir, Tu as frappé des peuples pour les étendre.

4 Car ce n'est point par leur épée qu'ils se sont emparés du pays, Ce n'est point leur bras qui les a sauvés; Mais c'est ta droite, c'est ton bras, c'est la lumière de ta face, Parce que tu les aimais.

PS65

6 Dans ta bonté, tu nous exauces par des prodiges, Dieu de notre salut, Espoir de toutes les extrémités lointaines de la terre et de la mer!

7 Il affermit les montagnes par sa force, Il est ceint de puissance;

8 Il apaise le mugissement des mers, le mugissement de leurs flots, Et le tumulte des peuples.

9 Ceux qui habitent aux extrémités du monde s'effraient de tes prodiges; Tu remplis d'allégresse l'orient et l'occident.

10 Tu visites la terre et tu lui donnes l'abondance, Tu la combles de richesses; Le ruisseau de Dieu est plein d'eau; Tu prépares le blé, quand tu la fertilises ainsi.

11 En arrosant ses sillons, en aplanissant ses mottes, Tu la détrempes par des pluies, tu bénis son germe.

12 Tu couronnes l'année de tes biens, Et tes pas versent l'abondance;

13 Les plaines du désert sont abreuvées, Et les collines sont ceintes d'allégresse;

PS66

2 Chantons la gloire de son nom, Célébrons sa gloire par vos louanges!

PSAUMES D'ADORATION

3 Disons à Dieu: Que tes œuvres sont redoutables!
A cause de la grandeur de ta force, tes ennemis te flattent.

4 Toute la terre se prosterne devant toi et chante en ton honneur; Elle chante ton
nom. — *Pause.*

5 Venons et contemplons les œuvres de Dieu!
Il est redoutable quand il agit sur les fils de l'homme.

6 Il changea la mer en une terre sèche, On traversa le fleuve à pied:
Alors nous nous réjouîmes en lui.

7 Il domine éternellement par sa puissance, Ses yeux observent les nations:
Que les rebelles ne s'élèvent pas!— *Pause.*

8 Peuples, bénissez notre Dieu, Faites retentir sa louange!

9 Il a conservé la vie à notre âme, Et il n'a pas permis que notre pied chancelât.

PSAUMES D'ADORATION

ADORATION 4

PS71

Éternel, notre Seigneur!
Que ton nom soit glorifié pour l'Eternité des Eternités

19 Ta justice, ô Dieu! Atteint jusqu'au ciel; Tu as accompli de grandes choses: ô Dieu! Qui est semblable à toi?

PS72

17 Son nom subsistera toujours, Aussi longtemps que le soleil, son nom se perpétuera;
Par lui on se bénira mutuellement, Et toutes les nations le diront heureux.

18 Béni soit l'Éternel Dieu, le Dieu d'Israël, Qui seul fait des prodiges!

19 Béni soit à jamais son nom glorieux!

PS74

12 Dieu est mon roi dès les temps anciens, Lui qui opère des délivrances au milieu de la terre.

13 Tu as fendu la mer par ta puissance, Tu as brisé les têtes des monstres sur les eaux;

14 Tu as écrasé la tête du crocodile, Tu l'as donné pour nourriture au peuple du désert.

15 Tu as fait jaillir des sources et des torrents. Tu as mis à sec des fleuves qui ne tarissent point.

16 A toi est le jour, à toi est la nuit; Tu as créé la lumière et le soleil.

17 Tu as fixé toutes les limites de la terre, Tu as établi l'été et l'hiver.

PS75

12 Nous te louons, ô Dieu! Nous te louons; Ton nom est dans nos bouches;
Nous publions tes merveilles.

PSAUMES D'ADORATION

PS77

Chantons à l'Éternel, bénissons son nom, Enfant de......................................

12 Je rappellerai les œuvres de l'Éternel, Car je me souviens de tes merveilles d'autrefois;

13Je parlerai de toutes tes œuvres, Je raconterai tes hauts faits.

14 O Dieu! Tes voies sont saintes; Quel dieu est grand comme Dieu?

15 Tu es le Dieu qui fait des prodiges; Tu as manifesté parmi les peuples ta puissance.

16 Par ton bras tu as délivré ton peuple, Les fils de Jacob et de Joseph. — *Pause.*

17 Les eaux t'ont vu, ô Dieu!
Les eaux t'ont vu, elles ont tremblé; Les abîmes se sont émus.

18 Les nuages versèrent de l'eau par torrents, Le tonnerre retentit dans les nues, Et tes flèches volèrent de toutes parts.

19 Ton tonnerre éclata dans le tourbillon, Les éclairs illuminèrent le monde; La terre s'émut et trembla.

20 Tu te frayas un chemin par la mer, Un sentier par les grandes eaux,

PSAUMES D'ADORATION

ADORATION 5

PS89

9 Éternel, Dieu des armées! Qui est comme toi puissant, ô Éternel?
Ta fidélité t'environne.

10 Tu domptes l'orgueil de la mer; Quand ses flots se soulèvent, tu les apaises.

11 Tu écrasas l'Égypte comme un cadavre, Tu dispersas tes ennemis par la puissance de ton bras.

12 C'est à toi qu'appartiennent les cieux et la terre, C'est toi qui as fondé le monde et ce qu'il renferme.

13 Tu as créé le nord et le midi; Le Thabor et l'Hermon se réjouissent à ton nom.

14 Ton bras est puissant, Ta main forte, ta droite élevée.

15 La justice et l'équité sont la base de ton trône.
La bonté et la fidélité sont devant ta face.

16 Heureux le peuple qui connaît le son de la trompette; Il marche à la clarté de ta face, ô Éternel!

17 Il se réjouit sans cesse de ton nom, Et il se glorifie de ta justice.

18 Car tu es la gloire de sa puissance; C'est ta faveur qui relève notre force.

19 Car l'Éternel est notre bouclier, Le Saint d'Israël est notre roi.

PS92

2 Il est beau de louer l'Éternel, Et de célébrer ton nom, ô Très-Haut!

3 D'annoncer le matin ta bonté, Et ta fidélité pendant les nuits,

4 Sur l'instrument à dix cordes et sur le luth, Aux sons de la harpe.

5 Tu me réjouis par tes œuvres, ô Éternel!
Et je chante avec allégresse l'ouvrage de tes mains.

PSAUMES D'ADORATION

6 Que tes œuvres sont grandes, ô Éternel!
Que tes pensées sont profondes!

PS95

1 Venez, chantons avec allégresse à l'Éternel!
Poussons des cris de joie vers le rocher de notre salut.

2 Allons au-devant de lui avec des louanges, Faisons retentir des cantiques en son honneur!

3 Car l'Éternel est un grand Dieu, Il est un grand roi au-dessus de tous les dieux.

4 Il tient dans sa main les profondeurs de la terre, Et les sommets des montagnes sont à lui.

5 La mer est à lui, c'est lui qui l'a faite; La terre aussi, ses mains l'ont formée.

6 Venez, prosternons-nous et humilions-nous, Fléchissons le genou devant l'Éternel, notre créateur!

7 Car il est notre Dieu, Et nous sommes le peuple de son pâturage, Le troupeau que sa main conduit...
Oh! Si vous pouviez écouter aujourd'hui sa voix!

PSAUMES D'ADORATION

ADORATION 6

PS97

1 L'Éternel règne: que la terre soit dans l'allégresse, Que les îles nombreuses se réjouissent!

2 Les nuages et l'obscurité l'environnent, La justice et l'équité sont la base de son trône.

3 Le feu marche devant lui, Et embrase à l'entour ses adversaires.

4 Ses éclairs illuminent le monde, La terre le voit et tremble;

5 Les montagnes se fondent comme la cire devant l'Éternel, Devant le Seigneur de toute la terre.

6 Les cieux publient sa justice, Et tous les peuples voient sa gloire.

9 Car toi, Éternel! Tu es le Très-Haut sur toute la terre, Tu es souverainement élevé au-dessus de tous les dieux.

PS98

Chantons à l'Éternel un cantique nouveau!
Car il a fait des prodiges.
Sa droite et son bras saint lui sont venus en aide.

2 L'Éternel a manifesté son salut, Il a révélé sa justice aux yeux des nations.

3 Il s'est souvenu de sa bonté et de sa fidélité envers la maison d'Israël,
Toutes les extrémités de la terre ont vu le salut de notre Dieu.

4 Poussez vers l'Éternel des cris de joie, Vous tous, habitants de la terre!
Faites éclater votre allégresse, et chantez!

5 Chantons à l'Éternel avec la harpe; Avec la harpe chantez des cantiques!

6 Avec les trompettes et au son du cor, Poussons des cris de joie devant le roi, l'Éternel!

7 Que la mer retentisse avec tout ce qu'elle contient, Que le monde et ceux qui l'habitent éclatent d'allégresse,

8 Que les fleuves battent des mains, Que toutes les montagnes poussent des cris de joie,

9 Devant l'Éternel! Car il vient pour juger la terre; Il jugera le monde avec justice, Et les peuples avec équité.

PS100

Poussons vers l'Éternel des cris de joie, Nous tous, habitants de la terre!

2 Servons l'Éternel, avec joie, Allons avec allégresse en sa présence!

3 Sachons que l'Éternel est Dieu!
C'est lui qui nous a faits, et nous lui appartenons; Nous sommes son peuple, et le troupeau de son pâturage.

4 Entrons dans ses portes avec des louanges, Dans ses parvis avec des cantiques! Célébrons-le, bénissons son nom!

5 Car l'Éternel est bon; sa bonté dure toujours, Et sa fidélité de génération en génération.

PSAUMES D'ADORATION

ADORATION 7

PS103

Mon âme, bénis l'Éternel!
Que tout ce qui est en moi bénisse son saint nom!

2 Mon âme, bénis l'Éternel, Et n'oublie aucun de ses bienfaits!

3C'est lui qui pardonne toutes tes iniquités, Qui guérit toutes tes maladies;

4 C'est lui qui délivre ta vie de la fosse, Qui te couronne de bonté et de miséricorde;

5C'est lui qui rassasie de biens ta vieillesse, Qui te fait rajeunir comme l'aigle.

6 L'Éternel fait justice, Il fait droit à tous les opprimés.

7 Il a manifesté ses voies à Moïse, Ses œuvres aux enfants d'Israël.

8 L'Éternel est miséricordieux et compatissant, Lent à la colère et riche en bonté;

9 Il ne conteste pas sans cesse, Il ne garde pas sa colère à toujours;

10 Il ne nous traite pas selon nos péchés, Il ne nous punit pas selon nos iniquités.

11 Mais autant les cieux sont élevés au-dessus de la terre, Autant sa bonté est grande pour ceux qui le craignent;

12 Autant l'orient est éloigné de l'occident, Autant il éloigne de nous nos transgressions.

13 Comme un père a compassion de ses enfants, L'Éternel a compassion de ceux qui le craignent.

14 Car il sait de quoi nous sommes formés, Il se souvient que nous sommes poussière.

15L'homme! Ses jours sont comme l'herbe, Il fleurit comme la fleur des champs.

16 Lorsqu'un vent passe sur elle, elle n'est plus, Et le lieu qu'elle occupait ne la reconnaît plus.

17 Mais la bonté de l'Éternel dure à jamais pour ceux qui le craignent, Et sa miséricorde pour les enfants de leurs enfants,

18 Pour ceux qui gardent son alliance, Et se souviennent de ses commandements afin de les accomplir.

19 L'Éternel a établi son trône dans les cieux, Et son règne domine sur toutes choses.

20 Bénissez l'Éternel, vous ses anges, Qui êtes puissants en force, et qui exécutez ses ordres, En obéissant à la voix de sa parole!

21Bénissez l'Éternel, vous toutes ses armées, Qui êtes ses serviteurs, et qui faites sa volonté!

22 Bénissez l'Éternel, pour toutes ses œuvres, Dans tous les lieux de sa domination! Mon âme, bénis l'Éternel!

PS107

1Louons l'Éternel, car il est bon, Car sa miséricorde dure à toujours!

2 Qu'ainsi disent les rachetés de l'Éternel, Ceux qu'il a délivrés de la main de l'ennemi,

3 Et qu'il a rassemblés de tous les pays, De l'orient et de l'occident, du nord et de la mer!

PSAUMES D'ADORATION

ADORATION 8

PS104

1 Mon âme, bénis l'Éternel!
Éternel, mon Dieu, tu es infiniment grand!
Tu es revêtu d'éclat et de magnificence!

2 Il s'enveloppe de lumière comme d'un manteau; Il étend les cieux comme un pavillon.

3 Il forme avec les eaux le faîte de sa demeure; Il prend les nuées pour son char,
Il s'avance sur les ailes du vent.

4 Il fait des vents ses messagers, Des flammes de feu ses serviteurs.

5 Il a établi la terre sur ses fondements, Elle ne sera jamais ébranlée.

6 Tu l'avais couverte de l'abîme comme d'un vêtement, Les eaux s'arrêtaient sur les montagnes;

7 Elles ont fui devant ta menace, Elles se sont précipitées à la voix de ton tonnerre.

8 Des montagnes se sont élevées, des vallées se sont abaissées, Au lieu que tu leur avais fixé.

9 Tu as posé une limite que les eaux ne doivent point franchir, Afin qu'elles ne reviennent plus couvrir la terre.

10 Il conduit les sources dans des torrents Qui coulent entre les montagnes.

11 Elles abreuvent tous les animaux des champs; Les ânes sauvages y étanchent leur soif.

12 Les oiseaux du ciel habitent sur leurs bords, Et font résonner leur voix parmi les rameaux.

13 De sa haute demeure, il arrose les montagnes; La terre est rassasiée du fruit de tes œuvres.

14 Il fait germer l'herbe pour le bétail, Et les plantes pour les besoins de l'homme,
Afin que la terre produise de la nourriture,

15Le vin qui réjouit le cœur de l'homme, Et fait plus que l'huile resplendir son
visage, Et le pain qui soutient le cœur de l'homme.

16 Les arbres de l'Éternel se rassasient, Les cèdres du Liban, qu'il a plantés.

17C'est là que les oiseaux font leurs nids; La cigogne a sa demeure dans les cyprès,

18 Les montagnes élevées sont pour les boucs sauvages, Les rochers servent de
retraite aux damans.

19 Il a fait la lune pour marquer les temps; Le soleil sait quand il doit se coucher.

20 Tu amènes les ténèbres, et il est nuit:
Alors tous les animaux des forêts sont en mouvement;

21 Les lionceaux rugissent après la proie, Et demandent à Dieu leur nourriture.

22 Le soleil se lève: ils se retirent, Et se couchent dans leurs tanières.

23 L'homme sort pour se rendre à son ouvrage, Et à son travail, jusqu'au soir.
Louons l'Éternel!

PSAUMES D'ADORATION

ADORATION 9

PS111

1Louons l'Éternel!
Je louerai l'Éternel de tout mon cœur, Dans la réunion des hommes droits et dans l'assemblée.

2 Les œuvres de l'Éternel sont grandes, Recherchées par tous ceux qui les aiment.

3 Son œuvre n'est que splendeur et magnificence, Et sa justice subsiste à jamais.

4 Il a laissé la mémoire de ses prodiges, L'Éternel miséricordieux et compatissant.

5 Il a donné de la nourriture à ceux qui le craignent; Il se souvient toujours de son alliance.

6 Il a manifesté à son peuple la puissance de ses œuvres, En lui livrant l'héritage des nations.

7 Les œuvres de ses mains sont fidélité et justice; Toutes ses ordonnances sont véritables,

8 Affermies pour l'éternité, Faites avec fidélité et droiture.

9 Il a envoyé la délivrance à son peuple, Il a établi pour toujours son alliance; Son nom est saint et redoutable.

10 La crainte de l'Éternel est le commencement de la sagesse; Tous ceux qui l'observent ont une raison saine.
Sa gloire subsiste à jamais.

PS113

1 Louez l'Éternel!
Serviteurs de l'Éternel, louez, Louez le nom de l'Éternel!

2 Que le nom de l'Éternel soit béni, Dès maintenant et à jamais!

3 Du lever du soleil jusqu'à son couchant,
Que le nom de l'Éternel soit célébré!

PSAUMES D'ADORATION

4 L'Éternel est élevé au-dessus de toutes les nations, Sa gloire est au-dessus des cieux.

5Qui est semblable à l'Éternel, notre Dieu?
Il a sa demeure en haut;

6 Il abaisse les regards Sur les cieux et sur la terre.

7 De la poussière il retire le pauvre, Du fumier il relève l'indigent,

8 Pour les faire asseoir avec les grands, Avec les grands de son peuple.

9 Il donne une maison à celle qui était stérile, Il en fait une mère joyeuse au milieu de ses enfants.

<u>PS115</u>

15 Soyons bénis par l'Éternel, Qui a fait les cieux et la terre!

16 Les cieux sont les cieux de l'Éternel, Mais il a donné la terre aux fils de l'homme.

17 Ce ne sont pas les morts qui célèbrent l'Éternel, Ce n'est aucun de ceux qui descendent dans le lieu du silence;

18 Mais nous, nous bénirons l'Éternel, Dès maintenant et à jamais.
Louons l'Éternel!

PSAUMES D'ADORATION

ADORATION 10

PS118

1 Louons l'Éternel, car il est bon,
Car sa miséricorde dure à toujours!

2 Qu'Israël dise:
Car sa miséricorde dure à toujours!

3 Que la maison d'Aaron dise:
Car sa miséricorde dure à toujours!

4 Que ceux qui craignent l'Éternel disent:
Car sa miséricorde dure à toujours!

5 Du sein de la détresse j'ai invoqué l'Éternel:
L'Éternel m'a exaucé, m'a mis au large.

6 L'Éternel est pour moi, je ne crains rien:
Que peuvent me faire des hommes?

7 L'Éternel est mon secours, Et je me réjouis à la vue de mes ennemis.

8 Mieux vaut chercher un refuge en l'Éternel Que de se confier à l'homme;

9 Mieux vaut chercher un refuge en l'Éternel
Que de se confier aux grands.

10 Toutes les nations m'environnaient:
Au nom de l'Éternel, je les taille en pièces.

11 Elles m'environnaient, m'enveloppaient:
Au nom de l'Éternel, je les taille en pièces.

12 Elles m'environnaient comme des abeilles; Elles s'éteignent comme un feu d'épines;
Au nom de l'Éternel, je les taille en pièces.

13Tu me poussais pour me faire tomber; Mais l'Éternel m'a secouru.

14 L'Éternel est ma force et le sujet de mes louanges; C'est lui qui m'a sauvé.

PSAUMES D'ADORATION

PS135

1 Louons l'Éternel!
Louons le nom de l'Éternel, Louez-le, serviteurs de l'Éternel,

2 Qui vous tenez dans la maison de l'Éternel, Dans les parvis de la maison de notre
Dieu!

3 Louons l'Éternel! Car l'Éternel est bon.
Chantons à son nom! Car il est favorable.

4 Car l'Éternel s'est choisi Jacob, Israël, pour qu'il lui appartînt.

5 Je sais que l'Éternel est grand, Et que notre Seigneur est au-dessus de tous les
dieux.

6 Tout ce que l'Éternel veut, il le fait, Dans les cieux et sur la terre, Dans les mers et
dans tous les abîmes.

7 Il fait monter les nuages des extrémités de la terre, Il produit les éclairs et la pluie,
Il tire le vent de ses trésors.

PSAUMES D'ADORATION

ADORATION 11

PS136

1 Louons l'Éternel, car il est bon, Car sa miséricorde dure à toujours!

2 Louons le Dieu des dieux, Car sa miséricorde dure à toujours!

3 Louons le Seigneur des seigneurs, Car sa miséricorde dure à toujours!

4 Celui qui seul fait de grands prodiges, Car sa miséricorde dure à toujours!

5 Celui qui a fait les cieux avec intelligence, Car sa miséricorde dure à toujours!

6 Celui qui a étendu la terre sur les eaux, Car sa miséricorde dure à toujours!

7 Celui qui a fait les grands luminaires, Car sa miséricorde dure à toujours!

8 Le soleil pour présider au jour, Car sa miséricorde dure à toujours!

9 La lune et les étoiles pour présider à la nuit, Car sa miséricorde dure à toujours!

10 Celui qui frappa les Égyptiens dans leurs premiers-nés, Car sa miséricorde dure à toujours!

11 Et fit sortir Israël du milieu d'eux, Car sa miséricorde dure à toujours!

12 A main forte et à bras étendu, Car sa miséricorde dure à toujours!

13 Celui qui coupa en deux la mer Rouge, Car sa miséricorde dure à toujours!

14 Qui fit passer Israël au milieu d'elle, Car sa miséricorde dure à toujours!

15 Et précipita Pharaon et son armée dans la mer Rouge, Car sa miséricorde dure à toujours!

16 Celui qui conduisit son peuple dans le désert, Car sa miséricorde dure à toujours!

17 Celui qui frappa de grands rois, Car sa miséricorde dure à toujours!

18 Qui tua des rois puissants, Car sa miséricorde dure à toujours!

PSAUMES D'ADORATION

19 Sihon, roi des Amoréens, Car sa miséricorde dure à toujours!

20 Et Og, roi de Basan, Car sa miséricorde dure à toujours!

21 Et donna leur pays en héritage, Car sa miséricorde dure à toujours!

22 En héritage à Israël, son serviteur, Car sa miséricorde dure à toujours!

23 Celui qui se souvint de nous quand nous étions humiliés, Car sa miséricorde dure à toujours!

24 Et nous délivra de nos oppresseurs, Car sa miséricorde dure à toujours!

25 Celui qui donne la nourriture à toute chair, Car sa miséricorde dure à toujours!

26 Louons le Dieu des cieux, Car sa miséricorde dure à toujours!

PS9

2 Je louerai l'Éternel de tout mon cœur, Je raconterai toutes tes merveilles.

3 Je ferai de toi le sujet de ma joie et de mon allégresse, Je chanterai ton nom, Dieu Très-Haut!

PS11

7 Car l'Éternel est juste, il aime la justice; Les hommes droits contemplent sa face.

PSAUMES D'ADORATION

ADORATION 12

PS145

Louons le nom de l'Éternel
Je t'exalterai, ô mon Dieu, mon roi!
Et je bénirai ton nom à toujours et à perpétuité.

2 Chaque jour je te bénirai, Et je célébrerai ton nom à toujours et à perpétuité.

3 L'Éternel est grand et très digne de louange, Et sa grandeur est insondable.

4 Que chaque génération célèbre tes œuvres, Et publie tes hauts faits!

5 Je dirai la splendeur glorieuse de ta majesté; Je chanterai tes merveilles.

6 On parlera de ta puissance redoutable, Et je raconterai ta grandeur.

7 Qu'on proclame le souvenir de ton immense bonté, Et qu'on célèbre ta justice!

8 L'Éternel est miséricordieux et compatissant, Lent à la colère et plein de bonté.

9 L'Éternel est bon envers tous, Et ses compassions s'étendent sur toutes ses
œuvres.

10 Toutes tes œuvres te loueront, ô Éternel!
Et tes fidèles te béniront.

11 Ils diront la gloire de ton règne, Et ils proclameront ta puissance,

12 Pour faire connaître aux fils de l'homme ta puissance Et la splendeur glorieuse de
ton règne.

13 Ton règne est un règne de tous les siècles, Et ta domination subsiste dans tous les
âges.

14 L'Éternel soutient tous ceux qui tombent, Et il redresse tous ceux qui sont
courbés.

15 Les yeux de tous espèrent en toi, Et tu leur donnes la nourriture en son temps.

16 Tu ouvres ta main, Et tu rassasies à souhait tout ce qui a vie.

17 L'Éternel est juste dans toutes ses voies, Et miséricordieux dans toutes ses œuvres.

18 L'Éternel est près de tous ceux qui l'invoquent, De tous ceux qui l'invoquent avec sincérité;

19 Il accomplit les désirs de ceux qui le craignent, Il entend leur cri et il les sauve.

20 L'Éternel garde tous ceux qui l'aiment, Et il détruit tous les méchants.

21 Que ma bouche publie la louange de l'Éternel, Et que toute chair bénisse son saint nom, A toujours et à perpétuité!

PS146

1 Louons l'Éternel!
Mon âme, loue l'Éternel!

2Je louerai l'Éternel tant que je vivrai, Je célébrerai mon Dieu tant que j'existerai.

3 Ne vous confiez pas aux grands, Aux fils de l'homme, qui ne peuvent sauver.

4 Leur souffle s'en va, ils rentrent dans la terre, Et ce même jour leurs desseins périssent.

5 Heureux celui qui a pour secours le Dieu de Jacob, Qui met son espoir en l'Éternel, son Dieu!

Louons l'Éternel!

PSAUMES D'ADORATION

ADORATION 13

PS147

1 Louons l'Éternel!
Car il est beau de célébrer notre Dieu, Car il est doux, il est bienséant de le louer.

2 L'Éternel rebâtit Jérusalem, Il rassemble les exilés d'Israël;

3 Il guérit ceux qui ont le cœur brisé, Et il panse leurs blessures.

4 Il compte le nombre des étoiles, Il leur donne à toutes des noms.

5 Notre Seigneur est grand, puissant par sa force, Son intelligence n'a point de limite.

6 L'Éternel soutient les malheureux, Il abaisse les méchants jusqu'à terre.

7 Chantons à l'Éternel avec actions de grâces, Célébrez notre Dieu avec la harpe!

8 Il couvre les cieux de nuages, Il prépare la pluie pour la terre; Il fait germer l'herbe sur les montagnes.

9 Il donne la nourriture au bétail, Aux petits du corbeau quand ils crient,

10 Ce n'est pas dans la vigueur du cheval qu'il se complaît, Ce n'est pas dans les jambes de l'homme qu'il met son plaisir;

11 L'Éternel aime ceux qui le craignent, Ceux qui espèrent en sa bonté.

12 Jérusalem, célèbre l'Éternel!
Sion, loue ton Dieu!

13 Car il affermit les barres de tes portes, Il bénit tes fils au milieu de toi;

14 Il rend la paix à ton territoire, Il te rassasie du meilleur froment.

15 Il envoie ses ordres sur la terre:
Sa parole court avec vitesse.

16 Il donne la neige comme de la laine, Il répand la gelée blanche comme de la cendre;

17 Il lance sa glace par morceaux; Qui peut résister devant son froid?

18 Il envoie sa parole, et il les fond; Il fait souffler son vent, et les eaux coulent.

19 Il révèle sa parole à Jacob, Ses lois et ses ordonnances à Israël;
Louons l'Éternel!

PS96

1 Chantons à l'Éternel un cantique nouveau!
Chantons à l'Éternel, Nous tous, habitants de la terre!

2 Chantons à l'Éternel, bénissons son nom, Annonçons de jour en jour son salut!

3Racontons parmi les nations sa gloire, Parmi tous les peuples ses merveilles!

4Car l'Éternel est grand et très digne de louange, Il est redoutable par-dessus tous
les dieux;

5Car tous les dieux des peuples sont des idoles, Et l'Éternel a fait les cieux.

6La splendeur et la magnificence sont devant sa face, La gloire et la majesté sont
dans son sanctuaire.

7Familles des peuples, rendez à l'Éternel, Rendez à l'Éternel gloire et honneur!

PSAUMES D'ADORATION

ADORATION 14

PS139

Éternel! Tu me sondes et tu me connais,

2 Tu sais quand je m'assieds et quand je me lève, Tu pénètres de loin ma pensée;

3 Tu sais quand je marche et quand je me couche, Et tu pénètres toutes mes voies.

4 Car la parole n'est pas sur ma langue, Que déjà, ô Éternel! Tu la connais
entièrement.

5Tu m'entoures par derrière et par devant, Et tu mets ta main sur moi.

6 Une science aussi merveilleuse est au-dessus de ma portée, Elle est trop élevée
pour que je puisse la saisir.

7 Où irais-je loin de ton esprit, Et où fuirais-je loin de ta face?

8 Si je monte aux cieux, tu y es; Si je me couche au séjour des morts, t'y voilà.

9 Si je prends les ailes de l'aurore, Et que j'aille habiter à l'extrémité de la mer,

10 Là aussi ta main me conduira, Et ta droite me saisira.

11 Si je dis: Au moins les ténèbres me couvriront, La nuit devient lumière autour de
moi;

12 Même les ténèbres ne sont pas obscures pour toi, La nuit brille comme le jour, Et
les ténèbres comme la lumière.

13 C'est toi qui as formé mes reins, Qui m'a tissé dans le sein de ma mère.

14 Je te loue de ce que je suis une créature si merveilleuse. Tes œuvres sont
admirables, Et mon âme le reconnaît bien.

15 Mon corps n'était point caché devant toi, Lorsque j'ai été fait dans un lieu secret,
Tissé dans les profondeurs de la terre.

16 Quand je n'étais qu'une masse informe, tes yeux me voyaient; Et sur ton livre
étaient tous inscrits Les jours qui m'étaient destinés, Avant qu'aucun d'eux n'existât.

PSAUMES D'ADORATION

17 Que tes pensées, ô Dieu, me semblent impénétrables! Que le nombre en est grand!

18 Si je les compte, elles sont plus nombreuses que les grains de sable.
Je m'éveille, et je suis encore avec toi.

6 Il a fait les cieux et la terre, La mer et tout ce qui s'y trouve.
Il garde la fidélité à toujours.

7 Il fait droit aux opprimés; Il donne du pain aux affamés; L'Éternel délivre les captifs;

8 L'Éternel ouvre les yeux des aveugles; L'Éternel redresse ceux qui sont courbés;
L'Éternel aime les justes.

9 L'Éternel protège les étrangers, Il soutient l'orphelin et la veuve,
Mais il renverse la voie des méchants.

10 L'Éternel règne éternellement; Ton Dieu, ô Sion! Subsiste d'âge en âge!
Louons l'Eternel !!!

PSAUMES D'ADORATION

ADORATION 15

PS34

2 Je bénirai l'Éternel en tout temps; Sa louange sera toujours dans ma bouche.

3 Que mon âme se glorifie en l'Éternel!
Que les malheureux écoutent et se réjouissent!

4 Exaltez avec moi l'Éternel!
Célébrons tous son nom!

5 J'ai cherché l'Éternel, et il m'a répondu; Il m'a délivré de toutes mes frayeurs.

6 Quand on tourne vers lui les regards, on est rayonnant de joie, Et le visage ne se couvre pas de honte.

7 Quand un malheureux crie, l'Éternel entend, Et il le sauve de toutes ses détresses.

8 L'ange de l'Éternel campe autour de ceux qui le craignent, Et il les arrache au danger.

24 Que tes œuvres sont en grand nombre, ô Éternel!
Tu les as toutes faites avec sagesse.
La terre est remplie de tes biens.

25 Voici la grande et vaste mer:
Là se meuvent sans nombre
Des animaux petits et grands;

26 Là se promènent les navires, Et ce Léviathan que tu as formé pour se jouer dans les flots.

27 Tous ces animaux espèrent en toi, Pour que tu leur donnes la nourriture en son temps.

28 Tu la leur donnes, et ils la recueillent; Tu ouvres ta main, et ils se rassasient de biens.

29 Tu caches ta face: ils sont tremblants; Tu leur retires le souffle: ils expirent,
Et retournent dans leur poussière.

30 Tu envoies ton souffle: ils sont créés, Et tu renouvelles la face de la terre.

31 Que la gloire de l'Éternel subsiste à jamais!
Que l'Éternel se réjouisse de ses œuvres!

32 Il regarde la terre, et elle tremble; Il touche les montagnes, et elles sont fumantes.

33 Je chanterai l'Éternel tant que je vivrai, Je célébrerai mon Dieu tant que j'existerai.

34 Que mes paroles lui soient agréables! Je veux me réjouir en l'Éternel.

35 Que les pécheurs disparaissent de la terre, Et que les méchants ne soient plus!
Mon âme, bénis l'Éternel!

PS67

6 Les peuples te louent, ô Dieu!
Tous les peuples te louent.

7 La terre donne ses produits; Dieu, notre Dieu, nous bénit.

8 Dieu, nous bénit, Et toutes les extrémités de la terre le craignent.

PSAUMES D'ADORATION

ADORATION 16

PS78

Chantons à l'Éternel, bénissons son nom !
C'est un grand et puissant Dieu

12 il avait fait des prodiges, Au pays d'Égypte, dans les campagnes de Tsoan.

13 Il fendit la mer et leur ouvrit un passage, Il fit dresser les eaux comme une muraille.

14 Il les conduisit le jour par la nuée, Et toute la nuit par un feu éclatant.

15 Il fendit des rochers dans le désert, Et il donna à boire comme des flots abondants;

16 Du rocher il fit jaillir des sources, Et couler des eaux comme des fleuves.

23 Il commanda aux nuages d'en haut, Et il ouvrit les portes des cieux;

24 Il fit pleuvoir sur eux la manne pour nourriture, Il leur donna le blé du ciel.

25 Ils mangèrent tous le pain des grands, Il leur envoya de la nourriture à satiété.

26 Il fit souffler dans les cieux le vent d'orient, Et il amena par sa puissance le vent du midi;

27 Il fit pleuvoir sur eux la viande comme de la poussière, Et comme le sable des mers les oiseaux ailés;

28 Il les fit tomber au milieu de leur camp, Tout autour de leurs demeures.

29 Ils mangèrent et se rassasièrent abondamment:
Dieu leur donna ce qu'ils avaient désiré.

21Tu as conduit ton peuple comme un troupeau, Par la main de Moïse et d'Aaron.
Que toute la terre soit remplie de sa gloire! Amen! Amen!

PSAUMES D'ADORATION

PS18

47 Vive l'Éternel, et béni soit mon rocher!
Que le Dieu de mon salut soit exalté,

48 Le Dieu qui est mon vengeur, Qui m'assujettit adversaires,

49 Qui me délivre de mes ennemis!
Tu m'élèves au-dessus de mes adversaires, Tu me sauves de l'homme violent.

50 C'est pourquoi je te louerai parmi les nations, ô Éternel!
Et je chanterai à la gloire de ton nom.

PS108

2 Mon cœur est affermi, ô Dieu!
Je chanterai, je ferai retentir mes instruments: c'est ma gloire!

3 Réveillez-vous, mon luth et ma harpe!
Je réveillerai l'aurore.

4 Je te louerai parmi les peuples, Éternel!
Je te chanterai parmi les nations.

5 Car ta bonté s'élève au-dessus des cieux, Et ta fidélité jusqu'aux nues.

6 Élève-toi sur les cieux, ô Dieu!
Et que ta gloire soit sur toute la terre!

FIN

PSAUMES D'ADORATION

EFFICACITE DES PSAUMES

Psaume 2 : Face à la tromperie et la Trahison

Psaume 3 : Pour surmonter la peur et demander l'aide de Dieu

Psaume 4 : Quand vous sentez que vous perdez votre autorité ou le pouvoir et avoir le succès. Si vous avez l'insuccès dans tout ce que vous faites malgré tous les efforts, lisez ce psaume 3 fois avant le lever du soleil.

Psaume 8 : Pour avoir le succès et la domination dans toutes les activités et dans le service. Si vous voulez de l'amour et de la bonne volonté des personnes et celles de vos entreprises. Lisez le Psaume 3 fois successivement après le coucher du soleil.

Psaume 11 : Quand tout semble perdu.

Psaume 13 : Tu as l'impression que Dieu est très loin de toi

Psaume 21 : La protection de Dieu.

Psaume 22 : Pour éloigner tout malheur de soi.

Psaume 23 : Pour éloigner le Danger.

Psaume 26 : Pour un innocent traduit en justice et prêt à être déféré en prison ou qui se trouve en prison.

Psaume 27 : Tu es déprimé et tu veux le soutien de Dieu.

Psaume 31 : Quand on se moque de vous, pour éviter le chagrin et la contrariété.

Psaume 32 : A lire après avoir reçu le pardon de Dieu.

Psaume 34 : Le réconfort de Dieu (craintes).

Psaume 35 : Contre ou pour gagner un procès. A réciter avant le lever du soleil pendant 3 jours dans le jeun.

Psaume 37 : La récompense de l'homme juste

PSAUMES D'ADORATION

Psaume 38 : Quand on vit dans un péché qu'on n'arrive pas à s'en débarrasser et qu'on n'arrive pas à élever la voix publiquement pour dire son mal.

Psaume 41 : Prière d'un homme persécuté.

Psaume 45 et 46 : Pour établir la paix entre l'homme et la femme. Les deux doivent se laver avec de l'eau bénite + de l'huile sainte.

Psaume 48 : Pour prendre la terreur sur vos ennemis. Vous avez été purifiés et tout le mal tombera sur eux.

Psaume 51 : Pour recevoir la grâce de Dieu après avoir commis un péché.

Psaume 55 : Quand on fait face à la trahison, la jalousie et la méchanceté des gens.

Psaume 56 : Quand tu ne sais plus quoi faire.

Psaume 57 : Le secours du Dieu très haut.

Psaume 59 : Se libérer de ses ennemis invisibles et visibles.

Psaume 66 : Reconnaissance à Dieu (Louange à Dieu).

Psaume 70 : Pour se débarrasser de ceux qui en veulent à ta vie ; les sorciers de ta famille.

Psaume 72 : Pour se garder à l'abri de la pauvreté.

Psaume 73 : Quand tout semble réussir aux méchants.

Psaume 75 : C'est Dieu qui est Juge.

Psaume 77 : Quand tu veux supplier Dieu (La détresse).

Psaume 79 : Quand on est tombé sur tous les plans.

Psaume 82 : Aide à bien traiter ses affaires.

Psaume 86 : Pour se libérer de ses ennemis.

Psaume 90 : Pour chasser un esprit de nuit et avoir une longue vie.

PSAUMES D'ADORATION

Psaume 91 : Pour être en sécurité chez Dieu.

Psaume 107 : La reconnaissance à Dieu

Psaume 109 : Quand vous n'en pouvez plus de l'oppression des méchants. (Prenez 3jrs de jeun de 6h-18h et lisez seulement ce psaume en introduisant le nom de vos oppresseurs. Ce psaume est très puissant et il faut l'utiliser pour de très bonnes raisons. Souvenez-vous que la malédiction sans cause n'a pas d'effets)

Psaume 112 : Pour être un homme juste devant Dieu.

Psaume 119 : Pour être comme Dieu le veut. Le plus puissant de tous les Psaumes avec plusieurs prières.
Psaume 120 : Prière d'un homme injustement accusé.

Psaume 121 : Retour à la maison ou tu dois voyager

Psaume 124 : Louange à Dieu pour tous ses bienfaits.

Psaume 125 : Pour demeurer confiant et ferme dans le Seigneur.

Psaume 126 : La récompense de Dieu.

Psaume 127 : Pour demander soutien et conseil a Dieu.

Psaume 128 : La Bénédiction de Dieu

Psaume 138 : Pour louer et bénir le Seigneur.

Psaume 140 : Pour se délivrer de ses ennemis.

Psaume 141 : Quand tu veux que Dieu t'écoute.

Psaume 142 : Apres avoir passé dans tous les coins sans solutions.

Psaume 143 : Pour être purifier dans la matinée.

Psaume 145 : Louange à Dieu pour célébrer sa fidélité. Tu peux réciter ce psaume pendant la recherche du travail et après avoir déposé des dossiers.

Psaume 146 : Pour mettre sa confiance en Dieu et célébrer sa puissance.
Psaume 150 : Louange à Dieu pour rendre un témoignage ou après un témoignage pour avoir toujours d'autres témoignages.

PSAUMES D'ADORATION

PROPOSITIONS DE PRIERES A FAIRE ET PSAUMES A RECITER PENDANT LA JOURNEE

Il faut dire que j'avais l'habitude de prier le Seigneur que les matins et j'attendais aussi les Dimanches pour adorer mon Dieu et un jour en 2019, le Seigneur ouvre mon entendement et me dit ceci : vous attendez seulement le Dimanche pour m'adorer ; alors que je vous ai créée pour m'adorer uniquement et j'ai institué le sabbat pour cela et même ce jour, vous ne faites pas comme il se doit. Il m'a ensuite demander de faire comme nos frères musulmans qui le prient plusieurs fois dans la journée. Alors j'ai commencé à le prier et à l'adorer 4 fois par jour et à des heures précises. C'était difficile, mais je faisais comme je pouvais toute l'année 2019 et en 2020, plus précisément en Mai, il m'envoie dans le livre de Daniel où je découvre le nombre de fois où Daniel a prié le Seigneur quand la situation était difficile (Daniel 6-10) ; ainsi le Seigneur venait de me donner le nombre de fois où je dois le louer et l'adorer dans la journée, 3 fois. Je pense que cela est aussi valable pendant que nous sommes en jeun.
Franchement, je ne peux vous dire de faire comme moi, peut être que c'est une instruction personnelle que le Seigneur m'a donné, mais s'il a permis que je vous fasses part de ce témoignage, c'est que cela s'adresse à vous aussi. C'est ainsi que sous l'inspiration du SAINT-ESPRIT, je vous propose cette pratique sacerdotale journalière.

CONSEILS : Pour que tous ces psaumes et vos prières agissent ou soient exaucés par le Seigneur, il faudra que vous soyez dans les meilleures conditions spirituelles possibles.

REMARQUES : - Ce plan de prières quotidiennes n'est pas la seule manière homologuée de prier ; chacun peut prier à sa manière, comme il le voudra et comme il le pourra, selon son inspiration et Dieu agira ; mais c'est une proposition parmi tant d'autres.
Selon vos besoins et en fonction de l'efficacité de ces psaumes vous pouvez faire des réaménagements.

Si pour un problème spécifique vous prenez des jours de jeun, ce plan de prières n'est plus valable et vous devez faire vos prières selon la situation en vigueur et avec les psaumes qui cadrent avec la résolution du problème.

PSAUMES D'ADORATION

<u>LE MATIN</u> (à partir de 4heures-5heures)

1) Remerciement au Seigneur.
2) Psaume d'Adoration (Recueils de Psaumes).
3) Psaume 72 ; Psaume 150 (suivi de déclarations prophétiques de possession selon l'efficacité du Psaume)
4) Psaume 112 ; Psaume 119(1ere partie) (suivi de déclarations prophétiques de possession selon l'efficacité du Psaume)
5) Psaume 143(suivi de déclarations prophétiques de possession selon l'efficacité du Psaume)

<u>L'APRES MIDI</u> (à partir de 14heures-18heures)

1) Remerciements au Seigneur
2) Prière de repentance
3) Psaume d'Adoration (Recueils de Psaumes)
4) Psaume 57(suivi de déclarations prophétiques de possession selon l'efficacité du Psaume)
5) Prières pour votre famille (Enfants-Papa-Maman), vos Parents (frères et sœurs et autres), votre Église, vos amis et autres
6) Psaume 127(suivi de déclarations prophétiques de possession selon l'efficacité du Psaume)
7) Psaume 119(2eme partie) (suivi de déclarations prophétiques de possession selon l'efficacité du Psaume)

<u>LA NUIT</u> (à partir de 21heures-23heures)

1) Remerciement au Seigneur
2) Psaume 32 ; Psaume 48 ; Psaume 8(suivi de déclarations prophétiques de possession selon l'efficacité du Psaume)
3) Psaume 128(suivi de déclarations prophétiques de possession selon l'efficacité du Psaume)
4) Psaume 138(suivi de déclarations prophétiques de possession selon l'efficacité du Psaume)
5) Psaume 90(suivi de déclarations prophétiques de possession selon l'efficacité du Psaume)
6) Prière de protection pendant la nuit.
7) Psaume 91(suivi de déclarations prophétiques de possession selon l'efficacité du Psaume)

PSAUMES D'ADORATION

A PROPOS DE L'AUTEUR

Le frère KOUADIO WILSON- ISRAEL, est né dans une famille de père et de mère convertis à la religion chrétienne catholique.
C'est en classe de 4ème qu'il a commencé à aller à l'église avec sa mère, à la chapelle ST JEAN BAPTISTE d'Ahougnanssou-Bouaké, tous les dimanches matins.
A cette époque, il y allait pour accompagner sa mère et faire aussi comme les autres enfants de son âge ; c'est à l'âge adulte après sa rencontre avec celle qui deviendra plus tard son épouse qui l'a ramené à l'église, qu'il va rencontrer véritablement le Seigneur.
Lui et sa femme, en 2004 allaient souvent à l'église évangélique SILO du Révérend pasteur Michel Vako ; c'était quelque chose de nouveau eu égard à la façon de conduire le culte, la prédication, la façon de prier, la louange, l'adoration, la délivrance, etc.....
Tout était différend de l'église catholique.
Un jour, sa concubine vient lui dire que le Seigneur lui demande de changer de vie et de se conformer à sa parole; tout surpris, il se demandait si cela était possible, que Dieu puisse parler à une personne et encore moins que Dieu le connaisse personnellement ?
Ensuite, ce genre de messages étaient devenus courants sinon réguliers, mais, rien n'y fit, pas de changements à courts et moyens termes en vus, jusqu'à ce qu'il perde son emploi de RESPONSABLE DES MATIERES PREMIERES ET DE LA LOGISTIQUES dans une grande société de la place en 2006, pour une raison extraprofessionnelle, chose incroyable.
Le Seigneur venait de par cet instant mettre fin à la recréation.
L'heure de Dieu avait sonnée dans la vie du frère Wilson-Israël, et cela devait le conduire dans la première étape de sa bénédiction qui est L'ETAPE DE LA TRANSFORMATION.
Cette étape de grandes et de difficiles épreuves, de douleurs, de souffrances morales et physiques, d'humiliations, de pleurs, de pauvreté, de mendicité etc......
Ce fut une très longue période qui a durée quatorze années(14) d'instabilité sociale, matérielle et financière et c'est pendant cette période qu'il va vraisemblablement expérimenter la puissance de DIEU.

Le seigneur dans ces dures épreuves ne l'a jamais abandonné. Le Seigneur se servira de plusieurs personnes pour lui venir en aide. C'est pendant ces épreuves qu'il va vivre et expérimenter la parole du seigneur et comprendre que notre Dieu est vivant, réel et qui parle.
C'est au cours de cette période, qu'il comprendra et vivra le sens de l'omnipotence, de l'omniprésence et l'omniscience du Puissant JESUS CHRIST.
Le Seigneur l'enverra successivement chez le Révérend pasteur MICHEL VAKO, La Prophétesse BAGNON, La Prophétesse TABITHA KOUASSI et le Pasteur BOADI SAMUEL, le Pasteur HOLLY et le Pasteur TANOH et pour terminer la formation ou la transformation, chez l'apôtre GUY JOEL DJOU et le Pasteur NATHAN BOUAZO qui vont (tous ces Pasteurs) par la grâce de Dieu et l'inspiration Divine, tour à tour, lui donner des enseignements qui lui permettront de supporter et de comprendre ce qui lui arrive.
Aujourd'hui, c'est-à-dire depuis Janvier 2020, il est entré dans une autre phase de sa vie où le Seigneur lui révèle sa parole et lui donne des explications sur des situations confuses et inédites. Le Seigneur ouvre son entendement et son esprit sur certaines choses qui sortent de l'ordinaire et le met à un certain niveau de spiritualité ou de compréhension spirituelle.
Pendant les derniers mois de la première étape de sa vie, le Seigneur va lui décliné sa mission divine sur la terre des hommes et aussi le ministère dans lequel il doit exercer en tant que Serviteur de Dieu. Son appel n'est pas de servir le Seigneur comme Pasteur, mais de le servir dans le ministère de la libéralité, de l'administration et de l'organisation dont il lui a donné certaines connaissances et aussi exécuter ses missions. C'est donc en sa qualité de Serviteur de Dieu, qui a pour mission d'apporter la vérité à toute l'Eglise de Jésus Christ sur la manière d'adorer l'Eternel des Armées, notre père qui est logé au troisième ciel que le Tout Puissant s'est saisit de lui pour faire la rédaction de ce recueil de psaumes d'adoration à l'Eternel des Armées pour apporter sa modeste contribution aux attentes de notre Dieu, Jehova vis-à-vis du Corps de Christ. En attendant de recevoir les missions afférentes à son ministère, il est aujourd'hui basé à Bouaké et fréquente l'Eglise MISA de l'apôtre Guy Joel Djou avec pour pasteur résident Nathan Bouazo.

QUE L'HONNEUR ET LA GLOIRE SOIENT RENDUS A DIEU !

Printed by Books on Demand GmbH, Norderstedt / Germany